해를 삼킨 달은 블랙홀이다

해를 삼킨 달은 블랙홀이다

2024
변방 제39집

두엽

서문

변방이 결성된 건 1981년 12월이었다. 원년 회원 중에 작고한 분도 계시고 탈퇴한 시인도 여럿이다. 또한 새로운 시인들로 구성을 반복하면서 변방은 40년을 넘긴 시간 동안 활발한 활동을 이어 왔다. 시인은 창작의 고통을 인내하며 시를 쓰는 것이 필연인가. 그래서 누가 알아주지 않아도 잠을 설치며 글을 쓰는 것인가보다.

문학의 위기라는 현실을 견디며 창작에 몰두하는 문학인들에게 희망의 소식이 들렸다. 강렬한 빛과 환희로 들려온 노벨 문학상 수상은 모든 문학인에게 벅찬 감동이기도 하다. 우리의 언어로 창작된 작품이 세계로 뻗어가는 모습에 새삼 자부심을 느낀다. 인간의 삶이 곧 문학이기에 감성을 자극하고 현실을 극복하게 하는 치유의 기능이 있는가 보다.

올해도 창작의 고통을 견디며 동인지에 작품을 주신 회원들에게 감사드리며 39집을 세상에 보낸다.

— 2024년 가을, 변방 동인

차례

책머리에　005

박종해
그때가 참 좋을 때　013
올여름은 유난히 덥네　014
다시 만날 수 없는 것에 대하여　016
감나무 아래서　018
좁쌀의 나이　019

신춘희
친구야　023
모국어　024
공익광고　026
염소　027
풀밭에서　028
봉우리　030
별　032

강세화
봄볕　039
복수초　040

밤하늘　041
바다 앞에서　042
땅거미　043
내 마음의 페이지　044
겨울 산사　045

문 영
어느 치매 노인의 노래　049
나는 물이다　050
푸른 사과의 비유　052
2월처럼　054
정자항 1　055
언양 시편 3　056
언양 시편 4　058

임 윤
한실마을　063
아침은 부재중　064
바람의 통역　066
사라진 배후　068
망각의 속도　070
폐가의 옹기　071
일식　072

장상관
보이지 않는 열차　077

자매의 귀가 078
폭포 080
마두금을 듣는 새벽 082
라마레라 작살잡이 084
회초리 086
비 088

황지형

빈집이 되니까 모르겠다 093
귀뚜라미가 울었다 096
붕대를 지나서 101
오른쪽 왼쪽 하는 잠자리 104
닫힌 것 희미하게 107
Pin 108
슬픔을 위한 마라톤 110

박정옥

꽃을 사려고 115
피터팬의 모험 116
사랑의 행방 118
모퉁이들의 이야기 120
우리 끝낼까 122

강현숙

가 닿을 데 모를 가 없어 닿지 못할 125
자귀나무꽃 4 126

얼굴 없는 얼룩 얼룩 안으로 127
해무 여관 128
자귀나무꽃 3 131
문 132
죽음의 형식 1 135

●

시인들 소개 140
『변방』 연혁 142

박종해

그때가 참 좋을 때
올여름은 유난히 덥네
다시 만날 수 없는 것에 대하여
감나무 아래서
좁쌀의 나이

그때가 참 좋을 때

내 나이 칠십이 넘었을 때 팔십 중반이 되신
나의 선사 김종길 선생이 물으셨다.
"자네 올해 몇인가"
나도 노령에 접어든 것을 알려드리기라도 하듯이
"벌써 칠십을 넘었심더"
선생께서 입가에 미소를 띄우시면서
"참 좋을 때구나" 이외의 말씀이었다.
"자네가 벌써 그렇게나 되었나" 이렇게
말씀하실 줄 알았는데
그리고 한참 후에야 말씀을 이으셨다.
"사실은 내가 칠십이었을 때 팔십 중반의 친척어른이
그렇게 말씀하셨다네"
"종길이 자네 참 좋을 때다"라고

아! 어느새 나도 그때 그 선생님 연세가 되었다.
"선생님, 저가 벌써 팔십 중반이 다 되었심더"
문득 돌아보니 선생님은 계시지 않고
스산한 가을바람이 태산목 나뭇가지를
흔들고 지·나·간·다.

박종해

올여름은 유난히 덥네

"에어컨 좀 틀어요" 아내가 말했다.
"전기세 많이 나올 텐데" 아내의 말이 이외라는 듯
걱정스레 내가 말했다.
"바캉스 가는 셈 치면 되잖아요" 아내가 다시 말했다.
올여름 우리 내외는 어디 한 번 놀이도 못 가고
줄곧 '방콕'이었으니까.
나는 방이나 화장실이나 욕실에 불을 켜놓고는 잊어버리고
그냥 나오면 아내가 따라다니면서 전깃불을 끄는데,
올해는 유난히 더운갑다. 전기세가 문제가 아니다
겁도 없이 에어컨을 마구 켜 대니까
월급쟁이 살림에 선풍기 하나 사서
전기세 아낀다고 아껴가며 틀던 때가 엊그제 같은데.

〈아버지, 어머니 에어컨도 없이 그 무더운 여름을 어떻게 지내셨는지요.〉

쨍쨍쨍 불볕 내리는 한낮

먼먼 하늘에 계신 부모님 생각이 불현듯 떠올라
창밖을 바라다보니, 하늘엔
구름 한 점도 보이지 않는다.

다시 만날 수 없는 것에 대하여

어디 갔다 돌아오면
잃어버리는 것이 꼭 하나 있다.
여름철에는 우산과 부채
겨울에는 상갑
무시 때는 손수건
우산은 몇 개나 잃어버렸는지 헤아릴 수 없어
기억나지 않는다.
잃어버리고 나서 잘 챙기지 못한 것을 후회한다.
그중에는 선물 받은 것도 있는데 선물한 사람의
성의를 봐서도 안타까운 마음을 추스를 수가 없다.
잃어버린 것은 나와의 인연이 다 한 것
후회한들 그것은 이미 나의 것이 아니다.

헤어진 사람
다시 만날 수 없는 사람
천만금으로도 살릴 수 없는 사람

까짓 물건이야 돈만 주면 살 수 있으니까

후회하지 말자고 다짐하지만
물건이라도 잃어버린 바로 그 물건을
어찌 돈으로 살 수 있겠는가.

감나무 아래서

설익은 감이 뚝 하고 떨어진다.
그 조그마한 감이 떨어져 땅에 닿는 소리가
어찌나 큰지 대낮의 적막이 쨍그랑 하고 깨어지며
소리의 파장이 뜰을 흔들며 번져나간다.
빠알간 홍시가 되어 아름답고 탐스럽게 매달려 있지 못하고
무성한 푸른 잎새 속에 싸여 있지 못하고
성급하게 뛰어내린 것이다.
우리가 우스갯소리로 부르는 국개의원 하나가
무엇을 잘못 먹어(손으로 먹었기 때문에) 두 손이
묶이어 끌려가는 것이 티브이 화면을 독차지 한다.
친구들은 속이 후련하다고 기분 좋다고
술 한잔하자고 한다.
선량한 공무원을 앞에 세우고 고함을 지르고
윽박지르던 그자가 꼴좋게 됐다고 모두 박수를 친다.
고함을 지르고 못된 말을 많이 해야만 표가 많이
나온다고 돼지 국민들이 말했다.
큰 사람이 되지 못하고 서둘러 풋감이 되어 떨어져
땅에 뒹구는 누추한 몰골이 가엾고 처량하다.

좁쌀의 나이

우주의 나이 138억 년
태양의 나이 46억 년
지구의 나이 35억 년
나의 나이…….

광대무변한 우주에 비하면
나는 하나의 좁쌀
아니 좁쌀의 몇억 분의 일도 아니지
어디다가 나의 나이를 갖다 대려고.

그런데 우주여!
138억 년 전에 너는 무엇이며 어디에 있었니?
"묻는 너가 어리석지.
조물주 하느님의 일을 너가 알려고 하다니."
하늘 저 멀리서
웅혼한 음성이 내 귀에 꽉 차서
맴돌다 사라졌다.

신
춘
희

친구야

모국어

공익광고

염소

풀밭에서

봉우리

별

친구야

앞으로 우리 몇 년 더 살 수 있을까
몇 번 더 볼 수 있을까
요단강 건너기 전에
친구야, 자주 보자
자주 웃자
자주 울자

모국어

오랜만에 듣는다 '그립다' 는 말
오랜만에 듣는다 '따뜻하다' 는 말
오랜만에 듣는다 '떨린다' 는 말
오랜만에 듣는다 '벅차다' 는 말
오랜만에 듣는다 '기쁘다' 는 말
오랜만에 듣는다 '싱그럽다' 는 말
오랜만에 듣는다 '나눈다' 는 말
오랜만에 듣는다 '어루만지다' 는 말
오랜만에 듣는다 '뒹군다' 는 말
오랜만에 듣는다 '벅차다' 는 말
오랜만에 듣는다 '버무린다' 는 말
오랜만에 듣는다 '속삭인다' 는 말
오랜만에 듣는다 '나긋하다' 는 말
오랜만에 듣는다 '반짝인다' 는 말
오랜만에 듣는다 '젖는다' 는 말
오랜만에 듣는다 '껴안다' 는 말
오랜만에 듣는다 '즐겁다' 는 말
오랜만에 듣는다 '겪는다' 는 말

……………………………

아, 사랑이 없으면 죽었다 깨어나도 느낄 수 없는 말
모국어!

공익광고

1
힘들면 거기 계세요
우리가 가면 되니까

자, 숨을 돌리고
물도 한잔하세요

천천히 사방을 둘러보세요
계절이 참 곱죠?

2
좌절에 빠진 저를 일으켜 세운 건
이 땅에 사는, 제 곁의, 어느 누구였습니다
시민과 함께 합니다, 주식회사 울산광역시

염소

살아 있는 풀밭이다
까맣게 아장거린다

네 발이 귀여운 풀밭
두 뿔이 웃기는 풀밭

초록을 되새김질하는 풀밭
울음이 휘어지는 풀밭

풀밭에서

거친 소나기에 맞아 비명횡사하듯
나는 개죽음에 들어도 좋다, 사랑이여
그러니 지나치게 과대평가된 어느 시인의 시 같은 비겁이라도
나에게 보여다오, 사람에게 희망이라는 것이
무엇이겠느냐, 서로 믿는 마음이 아니겠느냐
욕하면서도 화내면서도 끝끝내 놓지 않는,
담장을 오르는, 초록의 덩굴손 같은, 그 자기만의 근성이 아니겠느냐
철학이 아니겠느냐

오늘도 나는 마당의 풀밭으로 나간다
풀잎들은 자기만의 목소리를 갖는다
호미로 풀잎 곁 다른 풀잎의 뿌리를 속아 내준다
풀잎의 안테나를 꺾어서 담장 밖으로 휘익 내던지며
꺾인 안테나의 상처를 리얼리티한 리얼리즘으로 봉합한다
풀밭은 맹렬하다 죽기 살기로 맹렬하다
솎아낼 수 없는 폭풍의 행진으로 흘러가는 시간을 제압하

듯
　사랑이여, 지금 풀밭은 소란하다
　한 마디로 살아 있다 문학이다

봉우리

애초에 정상 같은 것은 없는데 사람들은 정상이라는
허상의 봉우리를 오른다
한라도 모자라 백두를 오르고
백두도 모자라 킬리만자로와 에베레스트를 오르고
돌아와서는 정상을 밟았다고 자랑한다
산 높이를 강조하면서도 오르는 과정에 무엇을 보았는지 배웠는지
보폭을 옮길 때마다 발바닥이 얼마나 행복했는지 복기하지도 못하면서
최고봉을 올랐다고 주장하고
그것이 세계의 산 중에서 몇 번째 산이라는 사실만 강조한다
어리석지 않은가 안타깝지 않은가
사람들은 저마다의 애틋한 봉우리를 갖고 있을 텐데
정작 견디기 힘든 하루의 그 무엇이 가장 높은 봉우리일 수도 있을 텐데
어쩌면 그것이 마을의 동산이거나 고갯마루거나 언덕일 수도 있을 텐데

더 멀리 더 높은 곳에만 있는 것이 아니라
　어스름이 노을을 펴는 강둑에서도 바다의 파도를 뒤따르는 마음이
　함께 하는 곳에도 저 홀로 울퉁불퉁하고 봉곳한,
　아니, 어쩌면, 지금 서 있거나 앉아있는 자리가 정상일 수도 있을 텐데
　억장이 무너져 내리듯 너무도 애석하지 않는가
　그보다 정상이라는 봉우리는 애초에 없었다는 것을
　사람들은 왜 모를까

별

  식구들과 저녁상 물리고 울산의 밤하늘에 뜬 별을 본다
  한때는 지상에 발붙이고 살던 이들이 죽어서 별이 되었다

  강기행 강문필 강우운 강인수 강정택 강철, 휴옹 고곤 고기룡 고기업 고복수 고언관 고원준 고차겸 고태진 곽해진 천보 권기술 권석운 김경 김경수 김교경 김교홍 김교희 김규현 김규흡 김금복 김기 김기수 김기오 김낙수 김녹수 김대위 김덕남 김덕지 김도현 김동조 김득례 김막실 김만중 김문성 김반수 김사준 김상수 김상우 김상은 김석보 김석한 김선 김선일 김성진 김성탁 김송근 김수리 김수선 김순경 김순곤 김아가다 김언원 김여경 김영제 김용한 김운봉 김원규 김원룡 김원집 김응남 김응량 김응룡 김응방 김응복 김응상 김응진 김의현 김인수 김임식 김장룡 김장수 김재호 김정련 김정원 김좌성 김중원 김지웅 김지환 김태호 김택천 김한석 김한준 김해두 김헌경 김홍조 김활천 김효동 김흡
  나응수
  류춘득 류문수 류백춘 류승렬 류영춘 류윤하
  문성초 민복룡

박경량 박경열 박경은 박계숙 박계종 박관수 박구 박규진 박규환 박근철 박기대 박남표 박능정 박동훈 박문 박병호 박봉서 박봉수 박상지 박상진 박성렬 박손 박수복 박순동 박시규 박시룡 박어둔 박연택 박영록 박영인 박영준 박영철 박영출 박용복 박용진 박원주 박원호 박융웅 박응정 박응춘 박이명 박인복 박제민 박종우 박종하 박진연 박추 바귀문 박형관 박홍남 박홍춘 방재구 배기철 배두첨 배봉수 배철수 백근손 백두선 백봉근 백상건

서달급 서대규 서덕출 서몽룡 서몽호 서무출 서상연 서인충 서장성 서장표 서정일 서진문 서진환 설두하 성세륭 성세빈 성진탁 성처인 성충갑 남거 손병주 손수복 손진상 손진인 손학인 송도 송병홍 송석하 송찬규 신고송 신광윤 신광재 신근수 신전 신학업 심우빈 심원권 심자란 심환

안성수 안장원 안효식 양석룡 엄대섭 엄준 오덕상 오연지 오영수 오웅걸 오원근 오위영 오유환 오탁 오한우 오해룡 유광서 유철순 윤가묵 윤희준 윤희평 이겸수 이겸익 이경양 이경연 이경용 이규경 이규린 이규명 이규인 이규장 이규천 이근복 이근수 이근오 이기원 이길 이동개 이동영 이동철 이만

령 이무종 이문조 이미동 이미연 이봉석 이상준 이석승 이성영 이수건 이수락 이수인 이신백 이양오 이여규 이영백 이영조 이예 이용락 이우락 이운춘 이원담 이위 이유수 이응남 이의립 이인싱 이인수 이인중 이장찬 이재락 이재호 이정화 이정효 이종근 이종길 이종룡 이종만 이종산 이종실 이종욱 이종필 이종하 이준민 이준웅 이진영 이질백 이철 이춘걸 이춘백 이춘우 이쾌경 이쾌덕 이한남 이헌담 이현우 이협 이호경 이홍준 이후락 이희계 이희대 이희백 임원중

장상준 장오석 장재술 장희춘 전개 전극 전몽정 전복명 전응충 정대업 정동우 정두표 정상만 정소질산 정용득 정인관 정인섭 정임삭 정지모 정진근 정태원 정택락 정해영 조순규 조임순 조형진 조홍제 조화자 주사문

차덕출 차성도 차영철 차용규 치잃?? 처용 천재동 최구지 최금석 최두출 최봉식 최성곤 최언복 최영근 최원득 최윤봉 최을택 최익성 최준립 최한홍 최현구 최현배 최현표

치익 허용만 성수 황병곤 황정달……

사람은 하늘이다 하늘은 사람의 마을이다

평상에 앉아서 별을 헤다가 유랑하는 별과 마주친다
고향이 이북인 아버지와 어머니 별

목이 메어서 나는
눈을 감고, 울기 시작한다

강세화

봄볕
복수초
밤하늘
바다 앞에서
땅거미
내 마음의 페이지
겨울 산사

봄볕

봄에는 얌전한 풀잎도 몸이 들썩거린다.
바람이 한눈을 찡긋거릴 때마다
입안에 침이 고이고
삼삼한 구미가 봄날을 흔들어
한 가지 생각에 갇혀서 예사로 말을 놓치고
골목을 벗어나는 발길이 분주하다.
오늘은 어디 가서 소문 하나 담아 오나.
그림자 길게 늘이고 서서
오래된 습관처럼 멀리 내다보고 있다.
세월이 걸터앉은 뱃전에
마음을 실어 보는 용기도 가져보는 봄이다.
봄볕 같은 풀잎의 숨소리를 사랑하는
마음을 밝혀도 무방한 시간이 주어지고
무슨 말이라도 하고 싶어지는 봄이다.
기다리던 마음 바탕 위에 볕살이 펼쳐지고
소소한 미담을 듣고 기분이 좋아져서
색색의 무늬들이 껑충껑충 설치는 봄이다.

복수초

한마디 떠보는 말도 해보지 못하고
숨죽이던 시간이 물러가고
하늘이 힐끔힐끔 열리는 틈새가 보인다.
깊은 짐을 들치고 나와 기지개 켜고
눈을 반짝이는 조짐이 드러났다.
잠자코 있어도 남 먼저 느끼는
이런 기미는 처음이다.
자리를 털고 일어날 준비가 되었다.
조심스레 눈을 깜빡거리면서
햇살 사이로 떠오르는 모양이 짠하다.
더는 추운 계절이 아닌 것을
알아차리는 능력은 사줄 만하다.
맘먹은 대로 길을 나설 차례가 되었다.
눈 녹은 둘레에 모여드는 햇살을 느끼며
내놓고 기쁜 표정을 보여도 될는지.
겨우내 차오른 속살이 눈웃음을 짓고 있다.

밤하늘

어디서 나를 지켜보는 눈빛을 찾듯이
밤하늘 덤덤한 그곳을 둘러본다.

별빛 하나가 이 세상 전부인 양 눈뜨고 있다.
얼마 안 되는 내 영토를 헤아리는 심정이 아득하다.

어딘가에서는 철 따라 꽃이 피고
또 어딘가에서는 수줍게 바람이 불고

나는 나날이 특별한 날인 양 귀를 세우고
멀리서 오는 애인 기다리듯 오래 서성거리고 있다.

바다 앞에서

무싯날 마실 가듯이 대송리 바다에 가면
수평선 너머로 마음이 앞장서 달려 나간다.
애틋했던 날이 파도에 휩쓸려 떠나갔듯
만만치 않았던 짊은 날의 사랑이 가물가물하다.
멀어져 간 발자국을 돌아보며 몸을 가누는 시간이
세월에 부대낀 머리카락처럼 흩날리고 있다.
오래 바랜 마음이 하늘에 비쳐서 반짝이고
이전에 맡겨둔 편지를 다시 꺼내 읽듯이
처지는 꿈을 일으켜 손짓하는 바다를 바라본다.
가벼운 걸음발 한가히 간절 끝을 밟고 서서
자리를 못 찾은 사랑의 퍼즐 조각을 만지면서
하늘과 바다가 어우러지는 사이에 끼어든다.
밀고 당기며 정신을 가다듬고 무던히 버티던
파랑 같은 관계를 새삼 들추어보고
지치지 않는 간격을 어떻게 지켜낼 것인지
갯바위에 칭얼대는 물소리 가슴 적시고 내린다.

땅거미

어쩌다 유배 살 듯 여러 날
가을인데 몸무게가 눈에 띄게 줄었다.
어떤 이들이 굳이 애쓰듯이
수고를 보태지 않아도
바람이 한번 훑고 지나가면서
내 몸의 일부를 덜어가 버렸다.
눈에 들어오는 것마다 풍성하게
여기저기서 보기 좋은 빛깔로
단맛을 저장한 열매들이 익고 있는데
내 몸에서는 나도 모르는 사이에
의미가 빠져나가고 있었다.
지난 한 철 정성을 바친
내 사랑은 어떻게 지킬지.
사랑도, 그리움도, 생활도 제대로 익었으면
어디든지 그득하게 마음을 담아두고
이 가을을 바라볼 수 있었을까.
땅거미 내리는 저녁
혼자서 눈길 줄 데가 막연하다.

내 마음의 페이지

내 안에는 칸칸이 방이 많아
방방이 해묵은 일지들이 잔뜩 쌓여 있다.
한때는 빛나는 기록이었으나
오래전에 신용을 상실한 내용이
장장이 무료하게 들어있다.
햇볕을 외면하고 갇혀있는 면면마다
몸져누운 날이 길어지고 있다.
비가 오시든지 바람이 집적거리는 날이면
입맛이 통하는 사람을
손가락을 꼽으며 찾고 있다.
가물가물한 기억을 떠올리고 있다.
꽃잎은 지치고 하루해는 기울고
시들어 잠잠해진 세월이 소리도 못 내고
생애의 중요한 시절이 소문처럼 지나가고
이름도 없이 영광도 없이 염치도 없이
떠밀리는 사이 간직한 의미도 멀어지고
아이들은 자라서 제 갈 길로 떠나고
내 마음의 페이지는 차곡차곡 남아 있다.

겨울 산사

분분한 소문을 무마하듯 눈발이 날리면
마음 한가운데 들앉은 절집을 찾아가서
눈발을 덮어쓰고 엎드린 산사에
나도 그만 그렇게 숨어들고 싶다.
한때 절간 같은 사람에게 애태우던 그날처럼
겨울 산길에 펼쳐지는 장엄한 산수 설경의
무심치 않은 여백이 예사롭지 않다.
맑고 높은 산마루에 걸쳐있는 광경에는
그 어느 날의 진심이 담겨있다.
오래된 그림자에 배어있는 기억을 살려서
쓸쓸하고 떳떳이 내 안에 모셔두고
믿음이 가는 그리움으로 남고 싶다.
막막한 곳에서 생긴 몸이 이성(理性)을 찾아가듯
묵묵히 얼어붙은 인연의 끈을 그러잡고
눈 속에 갇힌 산자락을 한참 동안 바라보고
차분한 그늘이 낯설지 않은 길을 따라
고요히 잠에 빠진 순백의 영토에 꿈이 깊었다.

문
영

어느 치매 노인의 노래

나는 물이다

푸른 사과의 비유

2월처럼

정자항 1

언양 시편 3

언양 시편 4

어느 치매 노인의 노래

당신과 함께
꽃을 보면서 웃기도 하고 울기도 했지요

당신이 떠난 뒤
꽃을 보면 웃을 수도 울 수도 없어
뭐라 말하지만 무얼 말하는지 몰라요

하지만 이별과 죽음이 없다면
어떻게 꽃이 지는 길을 찾아가겠어요
어떻게 당신을, 사랑을 말하겠어요

허무와 망각이
뭐라 말하고 무얼 말하는지 몰라도
내게는 천둥 번개보다 빠른 느낌이 있어요
눈물과 슬픔으로도 다 말할 수 없는, 당신이 있어요

나는 물이다

길은 멈추다 흐른다
바다는 섬을 보듬다 때린다
해 달 바람은 바다를 밀고 당긴다

바다,
어르다
달래다
두드리다
고함치다
웃다 울다
뛰다 솟다
춤추다
뛰놀다
들끓다

길은 걷는다 흐른다
바다는 변하면서 변하지 않는다
섬은 변하지 않으면서 변한다

바다,
숨죽이다
잠들다
코를 골다
이빨을 갈다
뒤척이다
꿈틀대다
귀를 연다
눈을 뜬다
본다 간다

길은 섬으로 흘러와서
섬은 바다로 흘러가서
한숨을 쉰다 삼킨다

살아야 한다

푸른 사과*의 비유

울라브 하우게가 쓴 시
(만든 게 아니다)

"그들이 국회에 앉아 있다
플라톤도 읽지 않은 그들이"**

정원사 노동, 온몸으로 쓴
(조립한 게 아니다)

푸른 사과가 시렸다

문학동창회지에 AI처럼 편집한 시들
(쓴 게 아니다)

그들이 컴퓨터에 앉아 있다
아리스토텔레스도 읽지 않은

언어를 조립하느라 머리를 굴리는

그들이 시를 만든다

코팅한 푸른 사과들

* 하우게 시 「푸른 사과」 제명
** 하우게 시 「그들이 법을 만든다」 전문

2월처럼

1월과 함께 죽지도 않는 2월처럼
겨울을 뚫고 나온 날이 있답니다
먼 길을 돌아서 온 걸음이 있답니다
3월과 함께 살지도 못하는 2월처럼
같은 시간이면서 다른 시간이 있답니다
과거도 미래도 아닌 날이 있답니다
달력의 날짜도 헤아리지 않는 2월처럼
삶의 무게와 그림자에 무심한 날이 있답니다
순간도 영원도 아닌 지금 여기가 있답니다

해마다 죽지 않고 찾아오는 2월처럼
우리가 죽어 떠나도 찾아올 2월처럼

정자항 1

방파제 고래 등대 붉다
흰 갈매기 울음을 맞으며
해 질 때까지 포구를 바라본다

방파제 고래 등대 하얗다
새벽이 올 때까지
달의 걸음을 지켜본다

붉고 하얀 등대 사이에서
물결치는 검고 푸른 바다

악다구니 속에서 우두커니로 살다
피 흘린 날이 하얀 뼈를 씻는다

언양 시편 3
— 도화 꽃송이를 걸어두고

그곳에서도 시를 낭송하고 있나요

도화(桃花)를 감춘 화장산 오영수 문학관에 시를 배우러 왔지요, 부산에서 언양까지 시를 배우는 것보다 시 읽기가 좋다고 니직이 말했지요

그 말은 시를 가르친다고 떠드는 어중이 시인 내가 할 말이었지요

검은 숲으로 사라지기 전 남긴 카톡 사진과 메시지를 도화 편에 부칩니다

S# 1 : 카톡 사진(2016~2018) - 오륙도 황혼 갈매기 떼, 혼자 벤치에 앉자, 하얀 꽃 무리와 입 가린 웃음 돌부처, 붉은 단풍과 지는 해

카톡 메시지 - 아무 일도 안 하면 아무 일도 안 생긴다, So 중한 Na의 Gy억들

S# 2 : 카톡 사진(2019) - 카페에서 커피잔을 앞에 놓고

카톡 메시지 - 또다시 여름, 짐은 두려움이다 두려움을 버려라, 오늘은 니 남은 인생의 첫날이다

S# 3 : 카톡 사진(2020~2021) - 탁자에 찻잔 붉은 찻물을 따라 놓고

  카톡 메시지 - 오늘은 남은 인생의 첫날 오늘 걷지 않으면 내일은 뛰어야 한다, 지는 해가 귓속말로 일러 줍니다 사랑할 날이 얼마 남지 않았다고

  S# 4 : 카톡 사진(2022) ······

  카톡 메시지 ······

  S# 5 : 카톡 사진(2023) - 도화 꽃송이를 걸어두고 늙은 느티나무 길을 따라간 점 하나

  카톡 메시지 ······

병들고 아픈 삶이 버거워서 떠나갔나요

  아직도 *행복한 일을 생각하면 행복해지고 비참한 일을 생각하면 비참해진다고 말하고 있나요

  지금도 그곳에서 시를 읽고 낭송하고 있나요

  * 시 낭송가 고 김지희 님의 카톡 표제 메시지

언양 시편 4
— 겨울 파꽃

겨울 밭에 파꽃 한 송이
검푸른 배흘림기둥에 연두빛 둥우리를 올려 하얀 꽃 점을 달았네
밭 주인은 모르리라 돈 되시 않는다고 내버려두었던 대파가 꽃을 피워 겨울을 견디며 한 생을 이고 건넌다는 것을

겨울 밭에서 파꽃을 보며 한 사람이 걸어온 시간
죽음을 눈앞에 두고 쓴 *겨울 파꽃을 본다

언젠가 휘어지고 꺾여지겠지만
파꽃은 자신으로 살고, 살아내는 질서를 따른다

"꽃을 피우지 않는 것들조차,
자기 안에서 스스로 축복을 내리며 꽃을 피운다" 고
미국 시인 골웨이 키닐은 말했지만

겨울 파꽃은
죽음 안에서 스스로 축복을 내리며 시를 피웠다고

나는 너에게 말해주고 싶었다

* 무명 시인 고 박경조 님이 쓴 시 제명으로 그녀는 부산에서 언양 오영
 수문학관에 매주 시를 배우러 왔다.

임윤

한실마을
아침은 부재중
바람의 통역
사라진 배후
망각의 속도
폐가의 옹기
일식

한실마을

당신의 눈물로 뿌리내린 계절에
쓸쓸한 색감으로 번지는 노을
눈썹달은 우울한 풍경으로 걸어간다
기억에서 사라진 얼굴
도무지 떠오르지 않아 짙은 응어리가 무겁다
그림자와 사별한 소나무 둥치
물결만 어지럽게 덩그러니 흔들린다
일정한 간격으로 버석대는 갈대
깊은 계곡으로 흐르고
바람은 폐허의 악장을 천천히 넘긴다
단조로운 화음으로 화답하는 달빛
연기 속에서 파닥이는 모닥불
주홍빛 꽃가루를 뿌리며 솟아오른다
실향민들이 눈 감을 때까지
콘트라베이스 레퀴엠이 저녁을 짓누른다
종종걸음으로 다가오는 어둠
노을도 서서히 책갈피 속으로 시들어간다

아침은 부재중

소용돌이치는 아침
창밖이 소란하다
불통과 분열로 얼룩진 계절에 참새들은 심각하다
구름 문양의 무화과를 쏘아대며
허공을 향해 소리친다
창문에 붙어 선 먹구름이 찌뿌둥하다
콘크리트 틈새 비집은
잡초가 무성한 가장자리
주린 배 부여잡고
찢어진 쓰레기통까지 뒤지고 다녔단다
굳게 입술 깨문 아궁이
장작불의 기억만 노을처럼 붉다
그을음 잔뜩 묻은 얼굴로
봄바람이 까마득하다는 절규 같기도 하다
노동자들이 깃발을 세워 지나가고
참새들은 떼 지어 어디론가 날아간다
우울과 분노가 울분으로 뭉쳐
비바람 몰아치는 바닥에 널브러진 깃털

반대를 위한 반대가 식상한
가끔씩 혁명이 그리운 날이다

바람의 통역

직각으로 밀려오는 바람에
갈대는 더욱 휘청거렸다
당신과의 경계는 아우성으로 이루어져
우리는 더욱 밀어졌다
물렁해진 땅은 천천히 내려앉았다
건물들이 협곡처럼 솟아
지하철을 오가는 사람들은 말을 잃어버렸다
사각의 세계가 손바닥 안에 있으므로
다들 손가락으로 대화를 했다
누구도 그 수화를 알아채지 못했다

대화의 음계가 낮아져 계절은 수시로 바뀌었다
가방엔 옷가지가 쌓이고
시계는 수직으로 꺾여 더 이상 원을 긋지 않았다
벽은 가난한 이웃들의 몫으로 남아
죽지를 기댄 날개들이 부대끼고 꺾였다
절벽에 쌓은 성을 허물어뜨리고
바람을 방목해야만 한다

철탑에서 부화된 새들은 이소를 서둘렀다

허공에 걸린 앙상한 까치집

나뭇가지 사이로 녹슨 달이 흘러내렸다

사라진 배후

못질하는 근육질의 태양
허술한 틈새는 새털구름 문양으로 후다닥 마감했다
황급히 사라지는 수상한 그림자
태양은 수시로 변신했다
누구도 그림자의 속내를 알아채지 못할 때
컨테이너 상자에 숨긴
후쿠시마산 가리비가 해협을 건넜다

불꽃 파도가 들이친 거리에
아이들은 아우성치며 문자를 날렸고
어른들은 하품만 흘렸다
수만 개 촛불이 충혈된 눈 부릅떴지만
아스팔트는 밝아지지 않았다
군홧발에 짓밟힌 촛불의 얼굴
날카로운 비명이 종이컵 속으로 곤두박질쳤다

검게 변색된
표정 없이 햇살에 그을은 얼굴

오래전 등본에서 지워진 태생의 흔적
내력을 숨긴 문자들이
비밀창고 깊숙이 철해지는 동안
수신인들은 고향을 찾아 불을 밝혔다
모든 발목에서 그림자가 사라질 때
발자국을 지운 태양은 슬그머니 모습을 감추었다

망각의 속도

비바체가 아다지오에게 손을 내밀었다
보라색 정장이
검정색 스커트를 껴안고
불안한 박자에 흐느적거린다
치렁했던 머리칼은 잘려
비바람이 몰아친다
흐느끼던 색소폰은 상자에 가득하다
헛간에서 가야금 소리가 터져
꼬리 없는 음표들이 썰물처럼 빠져나왔다
바람의 무게가
몸을 짓누르며 천천히 바닥에 뒹굴었다
유리창에 부딪힌 새는
껍딱지처럼 납작해졌다
광화문에 폭풍이 몰아친 그 후
무기력해진 나는
제풀에 지친 개처럼 더 이상 짖지 않았다

폐가의 옹기

장독대에 서 있는 곡선들
풀어낼 수 없는 방정식
와자하던 얼굴들이 미분되어 흩어지네
생의 허적을 보았던 능선
당신의 곡선도
저만치 어두워지려 하네

포물선 그리는 저녁
창틀에 푸석한 먼지가 되었네
등 굽은 노파의 실루엣인가
상여가 떠나던 날처럼
하냥 지워질 뿐이네
적분되어 쌓이는 황톳빛 얼굴들

일식

빛을 갉아먹던 달이 해를 삼켰다

양다리를 걸친 다족류
거대 국가와 나란히 서 있는 그의 다리는
세계를 잇댄 항로만큼 길다
앞다리 전부를 꼬아도 쓰러지지 않는다
문어발에 힘을 뺀다 한들
잠시 흔들릴 뿐이다
때론 열댓 개 달린 놈도 심심찮게 나타난다

해를 삼킨 달은 블랙홀이다

무기상이 의수족 사업에도 뛰어들었다
그가 판 폭탄에 잘려간 다리들
엉덩이에 입는 의족
언제든 맘에 드는 놈으로 골라 보란다
팔레스타인 가자지구
의자에 상체만 걸친 어린 소녀

금발 사내를 보며 글썽인다
팔다리도 나뭇가지처럼 돋아날까요?

장상관

보이지 않는 열차
자매의 귀가
폭포
마두금을 듣는 새벽
라마레라 작살잡이
회초리
비

보이지 않는 열차

역 광장 모퉁이에 둘러앉아 술잔 부딪는 무리
저들은 어떤 열차를 기다리는 중 일까
목적지도 없고 언제 올지도 모르는 아니지
어쩌면 이미 그들만의 열차를 몰고
어딘가로 비경을 찾아가는 여정인지도 모른다
바쁜 걸음들은 차창을 스치는 풍경
힐끗거리는 눈초리들에 진로 병을 흔들고
무수한 경험담들을 쏟아놓는다
고개 숙이고 옛길 더듬어 가던 어깨를
흔들어 깨워 라이터 찾기도 하고
계단 베고 누워 금 간 사랑 붙여보기도 한다
목적지를 무작정 찾아가는 동안
웃고 다투다 노래까지 부르는 행려자들
저 사람들에게 우리는 어떻게 비칠까
우리는 어떤 목적으로 열차를 기다리고
무표정으로 핸드폰을 들여다보며
제각각 혼자만의 여행을 고집하는 중 일까
일행이 있어도 화면에만 몰입한 얼굴
이미 예정된 기차를 초조히 기다리고 있다

자매의 귀가

지하철 의자에 나란히 앉자마자
가방에서 보름달 빵을 뜯는다
남루한 행색으로 슬쩍슬쩍 눈치를 보며
반씩 나누어 허섭지섭 먹는다
초등학생쯤으로 보이는 앳된 아이들
그 흔한 휴대폰이 없는 대신에
언니의 손에 깍지 끼고 머리를 기댄다
따뜻한 냄새가 코를 당기며 오고
아이들 주위로 밝은 빛이 퍼져 나온다
아치형 화환이 드리운 그네를 타고
서로 기대는 마음으로 파란을 헤쳐가니
무엇이 애들을 두렵게 할 수 있으랴
흔한 컴퓨터 게임을 좋아하지도 못하고
애지중지할 장난감도 없던 누이같이
그래도 그리운 집으로 가는 지친 저녁
연탄은 제 몸으로 방을 데우고
저 천사들 오기만을 기다리고 있을까
따신 밥을 차린 저녁상 앞에 앉아

엄마가 얹어주는 반찬 맛있게 맛있게
받아먹던 누이들이 꿈꾸고 있다

폭포

비우는 중일까
채우는 중일까
위에서 보면 쏟아버리고
밑에서 보면 받아낸다
두 가지 사고가 한 행위에 달렸다
흘러나와
흘러들어 간다
넋을 잃고 감탄하다 돌아가는 내면 깊이
내다 버린 후련
담아 놓는 마련
줄기 하나에서 두 연꽃이 발화한다
고뇌를 깨끗이 털거나
환한 희망을 품거나
심연을 정화하는 마음공부다
비워지지 않으면 높이높이 차오르겠지
절박한 사연 없이
저렇게 뛰어내릴 수는 없겠지
애끓는 염원

한결같은 기도가

안개에 갇힌 길을 불러낸다

마두금을 듣는 새벽

어린 낙타가 젖무덤 주위를 서성이며 운다
눈동자가 안절부절못해도
제 새끼가 아니면 거들떠보지도 않는 습성을
주인이 강제할 수도 없는 형편

별들이 가고 난 미명에 마두금도 운다
낙타 앞에서 마음을 물어보며
새끼 낙타가 되어 애절하게 어미를 부른다
비상하다가 추락한 음률이 귀를 울린다

기어코 어미 낙타 눈에서 눈물을 얻는다
방울에 새끼 낙타가 맺혀있는
그 찰나 굶주린 낙타를 젖에 물리는 노인
기특한 눈물을 닦아주며 같이 운다

울음으로 본능을 깨우는 마두금
몽골 새벽 초원을 울리며 귀를 찾아간다
마음 뒤집는 음색을 싣고

천 마리 젖먹이 낙타가 노을에 물들어 달린다

라마레라 작살잡이

작살비가 내리꽂히는 날은
미간에도 파도가 밀려와 출항을 접는다
아쉬운 마음 백사장에 장대 찍으며
비바람에 야유를 보내듯 목표에 명중할 때까지
주눅 들지 않고 반복하여 겨눈다
겁을 버려야 급소가 보인다는 과감성에도
작살은 온갖 핑계로 빗나간다
혈압이 치솟는 저 심통을 고분고분하게 길들이면
어떤 고래에게도 치명타를 입혀준다
딱 하나 천적인 혈우병을 품고 사는 불안감은
상처가 나는 순간 끝을 직감하지만
끝까지 포기하지 않던 고래 앞에서 맛보던 허탈
후회는
돌이킬 수 없어 부딪히는 암초임을 알기에
정신을 가다듬고 때를 기다린다
단 한 번 던질 순간을 놓치는 뼈저림부터
지루하게 흔들리는 포기까지 넘어
코흘리개 때부터 다져온 기술로도 실패는 왔다

고래는 고통이 오는 고비를 거쳤어도
겨누어 볼 엄두를 낼 때마다 오는 고난이었다

회초리

나무들을 아무 때나 두들기는 빗살은
알고 보면 엄격한 매다
풀숲은 매 맞은 후 부풀고
물소리가 휘돌아 흐르는 산은 푸르렀다
빗살을 다 거두어들이고
조곤조곤 물살 타이르며 흘러가는 낙동강에서
매를 맞고 반성을 거듭했어도
어찌하여 나는 실패를 직감하고 있을까
어디서 잘 못 휘둘렸을까
아니다 아니야 무엇을 실패했단 말인가
돈 명예를 거머쥐는 따위
아니야 아니야 여유롭지 못해 필패였다
저런 일은 돌이켜보는 족족 똥줄이 타서 조마조마했다
나를 갉아먹히며 더 높이 더 높이
외친 의지도 무색하게
갉아먹힐수록 더욱 무겁게 가라앉았다
눈초리가 따가운 이유는
회초리와 이름이 같기 때문인지

매 같지도 않은 매
참 많이도 두려워했다

비

비는 뿌리다 귓속으로 뻗는 소리마저
푸른 생각을 피워 올리고
골똘히 젖게 만드는 원류는 그리움이겠다
비는 빌게 하는 표의문자라
비나이다 비나이다 정갈한 손을 비비고
홍수에도 가뭄에도 애가 타
숯검정이 눌어붙은 마음들을
빗살로 전부 두드려 쓸어내린다
비는 애초에 비우려고 온다
목마른 가지의 갈증을 씻어 내리고
오며 가며 끊임없는 가르침을
점자로 쓰고 지운다
누가 배우든지 말든지 무한 반복이다
끝없이 채운다 싶으면
말끔히 비운다
강은 비를 만나면 강하고
쇠는 비를 만나면 쇠하는 비유는 외로움이지
비움은 채움을 갈구하고

채우면 비워야 하는 행실을 보여준다
허무를 흐뭇으로 만드는 동안
비는 오고
흐뭇이 허무로 변하는 동안
비는 서서히 간다
비 오는 날은 모든 실개천이 수런거린다
급류를 부리는 주술이다

황
지
형

빈집이 되니까 모르겠다
귀뚜라미가 울었다
붕대를 지나서
오른쪽 왼쪽 하는 잠자리
닫힌 것 희미하게
Pin
슬픔을 위한 마라톤

빈집이 되니까 모르겠다

여자와 남자는 시계를 돌리고 싶다고 생각한다 의심 a는 불안한 b가 한밤중의 이름이길 바랐지만 두 바늘은 감정적 기운을 몰아간다

내일 가장 끔찍한 일이 생기면 모레 글피가 해결책을 제시해 줄 테니까! 남자와 여자만 살고 있는 원고지이므로 나흘 후에도 설상가상으로 칸칸이다

정확하게 알았다는 것은 문제를 풀이하는 데 도움 되지 못한다 사람을 덜덜 볶는 원고지에 의심 a가 증폭하는 동시에 불안을 해소하려면 위험은 내일 모레 글피까지 극적이다

뒤흔드는 사람을 획득하기 위해서는 의심 a와 불안한 b를 연장하는 인질극을 두려워하는 한밤중이 된다

너무 늦은 웃음인지 너무 이른 웃음인지 다음 원고지에서 존재를 확신할 수 있을까? 바늘을 돌리는 시계밖에 없다는, 이 방 저 방의 천둥소리를 희석하는 새벽녘인가?

아무렇게나 말하는 상황이 아무 말도 하지 않는 사람과 한 원고지에 다 들어가면 그것은 이해관계를 마감한다

시간을 공유하는 관계는 이러지도 저러지도 못하는 데 있다 저번에도 그러했듯 이번에도 그리됐다고, 의심 a는 불안한 b에 모래 글피도 여자이고 남자를 틈새에 끼워 넣는다

감정을 집어넣었다가 가차 없이 빼야 하는 상황에서도 내일 가장 끔찍한 일이 생길까 염려했으므로 손톱을 자르고 있다 언제든지 수정이라는 삶을 수행했으므로 몇 개의 장면은 원고지에서 떼어버리게 되며 도드라지는 감정은 선택이다, 라고 고전에서나 나올만한 질문을 진지하게 물었다

갖고 싶은 원고지가 없어서
의심 a와 불안으로 밖에 내뱉는 말을 했다,
불행은 결말이 없는 영혼이며
정서적 결핍에서 일어난 사건은 두 사람의 이름을 잃어가

는 쪽이므로
   제자리에 있는 행위에 중심을 두지 않으므로 관심만이 오래 버티게 이끌어 낸다

   원고지를 채우는 것은 시계가 돌고 도는 동안이며
   시계가 멈출 때마다
   저번에도 그랬듯이
   손잡아 주는 방식이 바뀐다

귀뚜라미가 울었다

방안 벽지에 숨은 귀뚜라미를 찾아보고 있다

지구적 재난 선포처럼
틈으로 나가지 못한 것저럼

오늘이 되지 못하는 소리를 알 수 있습니까
축소되는 사건을 방 안에서 알 수 있습니까

어둠 속에서도 귀뚜라미는 달팽이관까지 전해진다

어제는 오늘의 집요함으로 부수고
내일은 오늘의 집요함으로 쌓이고

나는 오늘 만든 길에서
벽과 벽으로 이어진 소요를 본다

깜깜한 어둠 속 박힌 눈동자 같지만
벽 안에 갇힌 곤충의 울음은 아득해

깨물고 있는 면면한 벽들이 깨지도록

흠모하게

귀뚜라미를 듣는 귀, 팔랑개비를 돌린다

생은 울음을 듣는 충분한 밤이다

빨강에 섞은 검정
검정 바탕에 빨강
귀에

빨강에 섞은 빨강
검정 바탕에 검정
귀에

소리는 뚜렷해진다
어둠을 뚫고 발령된다

귀뚜라미들은 이동하는 법을 모르죠
질식사도 하지 않고 벽에 붙어있죠

호우주의보를 발령받은 아들이
대재난에 휩쓸려버린 딸들이
망명을 신청하는 별이기 때문에

몸을 일으키자 울던 귀뚜라미가 사라졌다

이 공터와 풀밭의 감정은
깨끗해지기 위해 풀어 놓았습니다

이 공터와 풀밭의 감정에게는
벽지에 그려질 문양과 동행할 수 있습니다

오늘이 없는 내일에게 전해주세요
홀로

우울을 목격하는 방지턱을 높이시오

울던 귀뚜라미는 열탕을 만들고
침몰하지 않은 아침의 윤곽을 드러내서
색 짙은 바닷새처럼 벽지가 몰아붙여서

노랗게 붉거나 푸르게 박힌 소리가 있어요

뭐야 너는 대체, 버튼을 누르고
입에서 입으로 전했지만 후일담은 아니야

초파리 시체는 벽 속에서 새어 나옵니다

피 흘리지 않는 소리는
영혼, 들풀, 그러므로 육체의 피

다시,

피 흘리지 않는 울음은
암살, 교살, 독살, 그러므로 총살
빙 지딕을 세워도 우울은 화환을 엮지 않습니다
아무나 더위와 추위로 몰려가십시오
그러므로 눈 감고 소리를 꺼내고 있는 밤

영혼, 앓는지도 모르게
영원, 멈출지도 모르던

붕대를 지나서

눈썹은 가까워지려고 덜덜덜
다시 대낮으로 돌아갔다, 깜빡해버려

열 오른 구멍으로 차가운 물이 들어오고
아랫도리 가리개로 덮고 반듯해지는 곳에서
내가 단단해지는 자세가 될 때까지
안간힘 쓴 눈이 뻑뻑해지도록

낮아지는 곳에서 천장이 앞장서 가지만
땀방울 맺힌 고통처럼 도리 없이
눈이 뻑뻑해
옴짝달싹 못하는 어둠 때문일까

천 년 동안 붕대로 감긴 사람이 발견됐다는데

눈썹을 뗄 때까지 입이 벌어지고
채찍에는 피할 수 없는 북소리가 부딪히고
손목과 발목이 묶여있고

더더더 축적하다 덜덜덜
더더더 버둥대다 덜덜덜

연기도 불꽃도 없이 눈썹이 까딱

동공이 한 개씩 두 개씩 풀릴 때
눈꺼풀은 밤과 달이 붙어 덜렁거려

쏟아지는 북쪽으로 향해 잠이 쏟아져
정지, 신음에 익숙해지도록
고함은 언제 질렀느냐는 듯
그네를 타는 머리가 되렴

빨간불이 꺼질 때까지 묘지를 돌아다니는 밤
초록불이 되기까지 고민하는 그믐달
다시 일어나 희생하는 노란불

더더더 고함지르고 덜덜덜

더더더 온화하게 덜덜덜

수호신을 만들래
아니다 기침소리를 가둘래
숨소리로 뱉은 열 때문이래
깁스하고 있는 밤을 맞아 도르래를 돌린다

지평선이 한두 번 깜빡거리자 입안을 헹구는데

고체, 먹음직스러운 허벅지 문지르고
액체, 주삿바늘이 심장을 맞추네
기체, 무시무시한 냄새 한 입에 풍기고

샐러리, 파슬리, 생리 냄새가 났지만
다 꿰맨 눈썹

핥으면 뜨거운 눈물 맛이 나지
혼 빠진 거지

오른쪽 왼쪽 하는 잠자리

잠자리가 손에 잡히고 있다
펼친 그물 날개가 고요함에 이끌려 쓸리고
얼굴의 전부를 차지한 눈이 구글을 착용한 남자 같다
이미 잡힌 곤충처럼 화상을 입술에만 한 여자가
풀어헤친 머리로 등을 껴안는다

등 뒤로 터널의 바람이 사위어 간다
구불거리는 속도 밖으로 가로수 나무들이 날아가고
한 덩어리가 되어가고
남자의 머리는 뒤를 돌아보며 달린다

꽁지, 당신은 진흙이고 두 구멍을 가진 영혼
꽁지, 당신은 끝을 모르는 블랙홀이야
블랙홀에서는 떠오르는 얼굴이 회오리치고
모르는 사람이 되어가고 새하얘진 얼굴엔
다시 거품이 일고 블랙홀이 생기며 흩날리고

당신은, 그걸 모르죠? 욕망은 추억을 잡아먹는 공포

꽁지를 잡고 꽁지를 만드는 사실뿐
당신은 꽁무늬를 잡으면서도 날아오르는 비탄이고
삭풍의 힘을 빌린 망사, 귀에 달린 동전
잡힌 날개를 접어 가두어두는 우리는 동화적인 손가락처럼
서로 잡아당기는 가락지를 만들어가면서 날아가고 있어요

꽁지, 영처럼! 우리 가벼움을
꽁지, 혼처럼! 우리 즐거움을, 날아간 메모지들
작고 동그랗게 만들어진 글씨는 당신에게 닿아 불콰해지고
울면서도 웃고, 볼펜으로 쓴 글씨가
내 마음에 들어와 북극성이 되는
검은 버짐이 피딱지로 될 때

쓰고 지우는 내 손에 잠자리들이 잡혀 있다
뿌리치는 손을 꼭 붙잡은 커다란 울음처럼
남자는 굉음을 내며 꽁지를 잡으며 있고
공기를 흐트러뜨리는 눈에서
잠자리 날개를 닮은 미소가 보인다

날다 앉은 곳에서 잡힌
내 손에서 꽁지를 까딱거리는 잠자리가
고요함 속으로 짖아들고 있나

닫힌 것 희미하게

뚜껑 건너 동그라미가 있어 열쇠가 사라지게 문장을 만들고 있다. 쓰는 것 말고는 물러설 기색이 보이지 않아서 회오리바람이 관통하도록 쓴다. 꼭 들어맞는 말이 들어가고. 뼈가 부러지고. 피를 쏟은 잔해는 독을 품어서 살아서 빠져나올 수 없었다고. 너는 꼭대기에 이르기까지 뚜껑을 닫지 않았다. 눌러 간 아이들이 돌아올 때까지 열어놓은 유년의 문으로. 꺼내놓은 마음을 듣는 얘기에 귀를 기울이는 안목으로. 저 밑바닥 저 너머로 내 말에 밀려오고 밀려들면서.

열린 뚜껑에 속생각을 털어놓으면서
한 발짝 밑바닥에 가라앉힌 마음이 되면서

칭찬받은 적 없는 아이가 어느새 어른으로 자라버리듯이. 뚜껑을 따버리는 것은 구멍이 뻥뻥 뚫린 시간을 메우고 싶었기 때문이다. 납작해지고 싶지 않아서, 그 마음에 관통하고 싶어서. 안달이 난 뚜껑을 늘려버려라. 그러니 잘되기를 바라고 받아들여라. 나조차도 들어갈 수 없는 문장처럼. 문장은 잘근잘근 씹을수록 가지고 싶어서. 본질적으로 낮은 내 콧대를 비웃으면서.

Pin

 괭이와 삽으로 핀을 세우는지. 태양이 떠 있다고 느꼈고. 그것이 움직이지 않았으면 좋겠다고 생각했는데 당신을 울리고 말았나, 빨간색과 흰색에 뒤섞여서 어디까지 가야 할지 막막해졌고, 문득 손끝에 닿게 될 것이라고 느꼈고, 나는 여름날을 쓸 수 있게 된다면 양질의 눈물을 흘리는 당신이 사라질까 봐! 숨을 들이마셨던 강을 걸었지 손과 무릎을 짚은 것처럼. 온갖 냄새를 맡았고 더 깊이 흙을 뒤집고, 파내고, 뒤섞어서 세운 핀처럼 계속해서 글쓰기를 해야 할지 말아야 할지 망설였다. 어쩌면 침낭에 누워 다리를 뻗은 글자를 생각했으므로, 나는 달빛이 쏟아지는 그랜드 캐니언을 다녀오려고 여행경비를 적금했고 아침 식사로 빵과 달걀을 먹던 당신을 떠올려야 했지만 어쩌다 가이드만 따라다녔던 곳으로 한쪽 입꼬리가 올라가자 어찌된 영문인지 핀이 떠오르게 되었지. 운명을 만난 당신이 뗏목을 타자 높다란 절벽에 이르게 되었다는 듯 괴성까지 질러버리겠다는 듯 휘파람을 불던 입에서 라일락 향기가 퍼져 나왔어. 돌아가는 광경을 오랫동안 지켜보았지. 존재하다가 사라지면 존재하지 않는 것들의 모습을 존재하도록 하지 않는다. 나는 존재하면서 움직이고 있는데 문득 당신의 머리카락에 든 기억의 메아리가 되고 싶다는 마음이 생겼고, 적갈색으로 변한 핀을 저 깊은 땅속에 박아버리자 뚫어버리자 뒤엎어버리자, 눈물이 나올 것 같았으므로 핀을 고정했지. 핀은 단단하군. 싹이 틀 것도 아니군. 생생하게 그은 한 줄에 매달릴 것도 아니군. 폭로해야 할 상황이 돌변한다. 물론 지속적인 용기가 필요한 일이었고 나는 줄지어 한 손 한 손 글씨를 옮겼다. 입속에서 뱅뱅 돌고 있는 대뇌피질에 휩싸여서 나는 쓰기도 전에 당신을 환기하느라 병렬해 있는 물을 마셨다. 마시니 새알이 튀었지. 한꺼번에 튀어나오고 또 뛰어나오고

슬픔을 위한 마라톤

 슬픔이 앞장을 쓴다. 앞서게 됐건 뒤서게 됐건 그 이상은 없기에. 신기루처럼 보이는 기쁨이 잠을 자기 시작하면 깨우느냐 재우느냐를 두고 선택하기 때문에. 이를테면 친구나 가족을 대신할 수 없는 글쓰기 같은 것. 더 작고 더 험난한 거처로 슬픔을 옮겨야 하는 것. 삶을 재건축할 만한 가치 같은 것. 가치를 다시 확보할 수 있는 다반사 같은 것. 기대치를 낮추고 하늘에 오르기까지 허들을 뛰어넘고 있습니다.

 슬픔의 트럼펫이 징글베리징글베리 달라붙게 고고고―

 슬픔의 행진곡이 쨍그랑 해가 뜰 날이 되어 돌아오고―

 슬픔의 짧은 거리를 생각한다. 슬픔을 덜어낼 수 있다고 생각하면 생계를 꾸려 나가기 쉬워지기 때문에. 슬픔 앞에 맞짱 뜨기 때문에. 어둠 속에 흩어진 근육과 기운을 헝겊으로 덧대어 힘을 올리는 것. 이를테면 풀려나려고 버둥거리지만 어떤 손이 내 얼굴을 뒤로 젖혀버리는 것. 어쩐지 촌뜨기들 앞에서 먹는 팝콘 같은 것. 운동장 크기의 사람들이 우레와 같은 박수가 있을 것이고. 흩어진 사람들은 잊어버리고 배를 잡을 것이고.

   슬픔의 트럼펫이 썰매를 타고 여름에도 눈물이 고고고―

   슬픔의 행진곡이 쨍하고 눈꺼풀이 떤 야간에도 고고고―

   슬픔의 먼 거리를 생각한다. 끌어다 쓸 안간힘을 내 본적 없이. 가발을 쓰고 무대를 오르는 연극도 없이. 오랫동안 계획한 일이 없이도. 두려움에 질린 포로처럼. 꽉꽉 들어찬 관중을 바라보듯이. 스물다섯 시간 동안 이곳저곳에 묘기를 하는 곡예사. 겨드랑이 사타구니에 털을 하나씩 뽑고 나서도 슬픔은 늘 그러하듯이. 슬픔의 슬픔이. 슬픔의 슬픈. 슬프다는 생각만을. 슬픔이 생겨났으므로. 늘 그러리라는 겨울이다. 겨울로 시작하는 계절이다. 처음이자 마지막이라는 생이다. 빛과 어둠으로 들어가는 우주다. 빛과 어둠으로 다시 살리는 별빛이다.

박정옥

꽃을 사려고
피터팬의 모험
사랑의 행방
모퉁이들의 이야기
우리 끝낼까

꽃을 사려고

안부를 묻습니다

몇 층인지도 모르는데 올라가서

척을 알잖아요 정리해 드릴까요

넉 달 넘게 금요일은 틈이 없네

안 하겠지 하면서요

오늘 맑고 계속 이상해

투명한 상상의 촉지법

난 당신의 세계를 보듬고 싶어요

피터팬의 모험

여름, 호수는 과묵했다

우거진 나무들이 호수 가장자리를 무겁게 처박고 있다

바닥이 드러나도 입은 열지 않을 것이다

나무그늘 아래
위험이 똬리 튼 전망 좋은 공터
입을 쩌억 벌리고
시커먼 뼈대를 폴리스라인이 가족처럼 에워싸고 있는 보닛
번개탄에 가족들의 비행운이 남겨졌다

타버린 타이어가 남긴 시커먼 자갈 바닥
특별한 내막 없는 50대 가장의 모험
어른이 되기를 거부하는 사투가
하늘과 물빛과 힘껏 눌렀다 튕겨난 한낮의 눈부심과 현재와 과거와 미래
3과, 2와를 향해 실패의 속도로 갔을 것이다

뜨거운 여름, 이유가 있다 했다

이곳을 지날 때마다

뾰족뾰족 뒤통수에 주먹다짐을 먹어야 했다

범람하는 이야기가 쭈뼛쭈뼛 모퉁이를 돌았다

어른들의 이야기는 끝나지 않았다

사랑의 행방

내가 사랑했던 계절이라면 절기를 품고 있는 냄새일지도

가지런히 도열한 옥수수의 여름은 팔꿈치 아래

분홍색 수염으로 말하자면 출입구를 찾아내는 촉수 같은 것

선명해지는 겹겹의 팔월이 그늘의 뒤쪽으로 충실할 때

그것은 먹어야 하는 것

겹에 갇혀

고여 있는 저녁의 지하 같은 것

그믐달의 수평

울창한 흔들림

온 종일 찾아다닌 둘레만 돌려세우고

옥수수 따낸 자리에 소녀의 정강이가

비린 듯 낫낫하다

모퉁이들의 이야기

오고 있다
오고 있다

물 을 뒤집어쓰고
등에 지푸라기를 잔뜩 붙이고 강을 건너려고 허우적이며 지나쳐 가고 있다
바바리코트를 흠뻑 적신 채

비밀의 통로를 사용하여 일상을 영위하는 여유로운 몸짓
모자를 눌러쓰고 비밀의 계단을 내려간다
어쩌다 믿는 마음이 되었다
두려움 긴박 따위는 없는 전략이 끄덕여졌다
아래를 내려다보면 그들의 난폭이 자행되고 있다 무질서하고 무기력한 곳

옆 사람에게 물었다 그곳은 괜찮나요?
아버님 걸음이 시원찮대요
그곳으로 가시죠

그곳은 평화로운가요?
아니, 가지 않을 거예요 우리는 이곳에서
그때 또 한 무리가 강을 건넌다
야채를 잔뜩 짊어진 채 아이를 동여매고 떠내려가고 있었다
아이, 저 아이, 등 뒤로 손을 뻗어 아이를 추스른다
무와 야채들이 물에 풀려 스르르 떠내려간다 전진을 한다

  비밀의 통로를 알아냈다 그들이 찾지 못하는 곳에서, 결국 찾아내겠지만 형용할 수 없는 기묘함으로 처음 마주하는 낯선 생명체 꽤 오래된 듯 자연스런 보살핌이 보였다 새끼들이라니 놀랍다 뭐든 살아있는 것은 새끼들이 있겠구나 두려움이 없으면 사랑이라면

  막걸리 한 병 김치 한 조각 손에 힘이 없어 놓치고 놓치고 밥 먹는 줄이 길다 끄트머리에 선다 권력 있는 자에게 술을 권하고 담벼락에 모자끼리 가시를 두르고 십자가에 나란히 매달린 채 벙그는 웃음이 보인다 기이한 풍경에 고통은 보이지 않는다 회화처럼 창의적이다 모순의 즐거움이 뜬다

우리 끝낼까

　매일을 허우적에 빠진다 머릿속은 온통 노랗게 눌어붙은 생각 쉽사리 너에게 발견되지 않는다 고수들의 기법이 외면이라 믿는 거지? 버겁다 떨어지는 각질처럼 나동그라진 것이 한두 번 아니어도 시시로 숭배의 마음도 내려놓고 싶다 허탕치게 만들고 싶다 영영 도망칠 수 없는 뙤약볕에 시원을 들이키는 폭음이다 지글거리는 열선이다 폭풍에 휘말려 표류하는 난파선이다 틈에 낀 망설임이 길어진다

　이제 알게 되는가 틀리기 위해 시작하자 너의 가난에 위로받았던 마음 너를 관통할 수 있는 자세를 물어야 했어 외로움을 견딜 줄 아냐며 혼자 깊어질 때 그때 다가와 준 거 깊어지고 고독하게 굴을 파는 거 깊이를 알기 위해서 넓어지기로 하자는 거

　무슨 말을 하려는 건지 잘 모르겠어 하지만 좀 달짝지근해야 되지 않아? 네가 끼고 사는 가스통을 빠슐라 라는 이름도 되게 폭력적인데 니캉 라캉 좀 돈독해지면 무엇이 될까!?

강현숙

가 닿을 데 모를 가 없어 닿지 못할
자귀나무꽃 4
얼굴 없는 얼룩 얼룩 안으로
해무 여관
자귀나무꽃 3
문
죽음의 형식 1

가 닿을 데 모를
가 없어 닿지 못할

흔들리는 우듬지 너머
여름 저물녘 노을빛 닿지 못할 배롱나무 꽃빛 너머
붉지 못해 붉지 못할 꽃빛 너머
어루만져지지 않을
여름 한가운데, 한가운데를
당신의 닿지 못할 애무의 손길 같을
당신 그리워할 눈길 같을
그리워하지 못할,

가는 봄,
가는 여름, 같을

자귀나무꽃 4
― 먼 사랑

　느닷없이 오고 예고도 없이 가는 느닷없이 솔직하고 별 뜻 없이 웃어주며 심각하지 않게 손짓하는 거야 뿌리는 하염없이 깊어가도 꽃은 하냥 깃털처럼 가볍게, 구름 따라 가슴에 깃들다가 먹구름 몰려오는 날엔 깊이 닿지 않을 저 허공의 바닥에 엎드리다가 무심한 듯 툭 떠나가는 뒷모습을 보여주는 너는 온 적이 없었지, 너는 온다고 내게 말을 하지만 언제나, 늘, 우리의 시간 속에 보이지 않을 손을 흔들고 있지 안녕이라고도, 잘 가, 라고도 가끔 말없이 발을 툭툭 차면서 보이지 않을 곳으로 떠나는 중인 거야

얼룩 없는 얼룩 얼룩 안으로

  얼룩 없는 얼룩 얼룩 안으로 얼룩 안으로 얼룩 안으로 들어가면 얼룩 얼룩, 새가 없는 새장 속 새가 날지 않는 새장 속 구름도 없을 붙잡을 단풍도 없을, 날아가는 새 없을 언덕 없을 산들바람도 없을 흔들리는 초록 잎들도 없을 당신도 없을 당신에게로 건너갈 길 없을 허공을 디딜 추락도 없을 새 울음 들리지 않을 캄캄할 관을 떠메고 날아갈 까마득히 하염없이 날아가도 좋을 거기, 꽃 피지 않을 봄이 오지 않을 거기, 문 없을 새장 밖을 하염없이 꿈꿀 거기,

해무 여관

해무 여관에서 밤새 나를 어루만진 건 해무였네,

당신을 떠나온 적도 없는,

당신 없이 홀로 잠든 해무 여관에는 새벽이 오도록 자욱한 안개로 수평선이 보이질 않지 입구를 닫아걸고, 들어가고 나오는 사람 없이 해무 여관은 저 홀로 저물어 간다 당신, 먼 훗날 지나가거든 말없이 말없이 지나가라,

오늘 밤도 달 뜨지 않는 해무 여관에서 머무르다 떠날 거라는, 아무도 오질 않으리라는 걸, 해변을 따라 모든 게 선명하지 않으리라는 걸, 이내 해무는 다시 차오르게 될 거라는,

세계는 언제나 서투르다는 걸, 끝내 서투르다는 걸,

결국, 해무 속으로 모두 갇히리라는 걸,

오래 듣던 노래 있었지

몸을 타며, 해무를 타며 흐르던 노래였지
푸른 울음 속 갇힌
그 노래 떠오르질 않아
수장된 시간처럼,

해무 여관 앞 노란 등대는 불빛도 없이
덮어오는 해무로 정체를 드러내질 않지,

해무가 걷히길 기다리지만, 사람들은 해무를 묻혀갈 뿐, 당신이 사는 동안 해무 여관에 든 날을 까마득히 잊고 지낼지도, 몰라

시간은 당신들의 예측대로 흘러가지 않게 되리라는 걸 모르고 걷지, 해무 걷히질 않을 해변을 따라 걷고 걸을 뿐이지,

당신의 모든 걸 걸고 내게 온 적도 없는 당신,
목 잘린 해송 한 그루, 긴 해변을 따라 눕는다

마음이 서툴러 노래를 들었지
세계가 완벽하다는 것은
서투른 마음들의 오류였지

좀 더 일찍 세계가 오류라는 걸 눈치챘더라면,

그래도 변하지 않는 것은 당신 없는, 당신,
나를 지워버릴 당신,

해무 여관에는, 내일도,
사람의 일이, 해무 속으로 갇히고 드러나길 반복하겠지,

자귀나무꽃 3

모호함이 어울리는
분류되기를 거부하는 손짓,
만질 수 없는, 닿이지 않을수록 존재하는 거기,
자귀나무 꽃을 피우지

굳이 말하는 이가 필요한지, 굳이 움직임이 필요한지, 보이지 않을 세계를 닮아 있지 세계의 거짓을, 불화를 포용하며 자귀나무꽃이 피지, 산산이 흩어지며, 몽환을 꿈꾸며,

자귀나무꽃 핀 옆에 꽃 피는 자귀나무, 꽃 피는 자귀나무 옆에 다시 올,
당신을 보내고, 서 있을,

자꾸만 사라지는 당신, 한 번도 잡히지 않을, 잡으려 하면 멀리 가는 당신, 얼굴 없는 당신, 오래전에 잊을,

문

어디로 들어가고 어디로 나가는 문이 아닌, 닫혀 있어도 열린, 열려 있어도 닫힌 문이 있다

저 문을 통해 도달하는 세계는
한 번도 가닿지 못할 세계여야 했다
저 문으로 나가 영원히 도착하지 않을 곳과 여기로 돌아올 곳에
동시에 있다, 발 없는 몸이 있다

한 아이가 열린 문을 통해 나가 발을 딛으면
거기 한 아이가 있다
한 아이는 여기가 어디인지를 묻는다
문을 지나면 언제나 낯선 곳이다
여기에서 저기로 한 걸음을 건너는 찰나를
여름이라 할 수 없고,
가을이라 할 수 없을,
구체적 시간과 알 수 없을 시간을
구체적 공간과 아무도 모를 공간을

한 아이는 동시에 있다

그리하면 너와 함께 영원을 살았을까,

헤아릴 수 없을 문으로 이루어진 미로로 들어가며 어디로 나가는지 어디로 들어가는지 모르게 가는 곳으로 간다고 말하지만 어딘지 모를 곳으로, 다다르지 못할 곳으로, 무경계의 문에 이르러

너와 無限을 살게 될까,

*

들어갈 수도 나갈 수도 없는 문, 굳이 벽이 없어도 문은, 들어가도 들어간 곳이 어디며 나가더라도 나간 곳이 어딘지, 문을 경계 짓는 벽 위로 바람이 드나들고 태양이 푸른 열매를 익어가게 하고 당신은 끊임없이 흔들리고 있다는 것을, 잔디밭의 의자는 미동도 없이 놓여 있지만 여기는 다시 어딘가를

지나는 중이고, 당신이 없다면 없을 이 시간을 지나는 중이고,

  죽음이 문으로 들어가듯 나오고, 나오듯 들어가고, 갇히듯 열리며, 열리면서 갇히는,

죽음의 형식 1

날아가는 파리를 재빠르게 잡으면
이 세계가 좀 더 이해가 됩니까

배롱나무가 병충해 없이
여름 한낮, 꽃을 피워내면
이 세계는 좀 더 가까워집니까

매미가 저리도 울어대면
저 울음이 끝이 나면
세계의 죽음의 형식도 가까워질까요

사람마다 살아가는 시간의 형식이 달라
죽어가는 시간의 형식도 정해지는 겁니까

갇히면서 숨을 거두는 것이 죽음의 형식입니까

죽어서도 가질 수 없는 것이 자유입니까

철조망을 벗어날 자유는, 철조망보다 더 높이 자라는 겁니까
사후의 형식은, 철조망입니까

멀리 날아가 우주의 형식 아닌 곳에 남을 자유는 없습니까

해변의 모래의 반짝이는 세계는 어디로부터 온 걸까요,

시간은 자꾸 앞으로만 가는데, 꽃은 자꾸만 소멸로부터 핍니다
뒤돌아보는 거기, 여름, 한낮의 성성한 꽃빛이 기다립니다

형식과 틀을 거부한다고 말하지만 여름의 형식을 좋아합니다
한여름 펄펄 날리는, 흰 눈의 형식을 압니다

세계의 극한 정적을 알리는 한여름 내리는 눈의 정적을 본 적 있습니까

세계의 시간으로부터 벗어나는 눈빛입니다
세계의 서늘한 민낯을 본 적 있습니까

누구도 가까이 갈 수 없는 곁으로 갈수록
우주의 크레바스에 빠져버릴 세계의 깊은, 곁을 읽습니다
그 틈이 나와 나 사이에 있습니다

죽음의 형식을 묻습니다만
죽음의 형식을 완성하기도 합니다

철물점 남자는
저녁 무렵, 집으로 돌아가지 못하고
비좁은 철물점 안에서 쓰러져 아무도 모르게 자신만의 죽음의 형식을 완성합니다
철물점 안 사물의 형식을 본뜬 죽음의 형식을 이룹니다

허기지는 죽음의 형식도 있습니다
결핍을 끌어안는 형식도 있습니다

숨 쉴 수 없이 빈틈없을 죽음의 형식을 봅니다

한여름 펄펄 끓는 한가운데를 아프게 통과하는 방법입니다

여기, 여름인가를 묻습니다

여름 꽃빛의 질서를 찾습니다

여름 아침, 짙푸르러 육감적인 여름 소나무와 사랑에 중독되는 방법입니다

외롭지 마십시오, 비장한 죽음의 형식이었습니다

시인들 소개

박종해
1980년 《세계의 문학》으로 등단, 시집 14권, 번역시집 2권. 울산문협회장, 예총회장, 북구문화원장 역임. 이상화 시인상, 대구시협상, 성호문학대상, 예총예술문화대상 등 수상.

신춘희
1973년 《현대시학》으로 작품활동 시작, 1980, 1982, 1983년 《매일신문》 신춘문예 당선. 1985년 《월간문학》 신인상. 시집 『풀잎의 노래』, 『중년의 목소리』, 『늙은 제철소』, 『식물의 사생활』 등이 있음.

강세화
1986년 《현대문학》으로 작품활동 시작, 시집 『수상한 낌새』, 『행마법』 등이 있음.

문 영
1988년 《심상》으로 작품활동 시작, 시집 『소금의 날』(2006년 우수문학도서), 『바다, 모른다고 한다』 등. 평론집 『변방의 수사학』(2019년 창릉문학상 수상), 산문집 『발로 읽는 열하일기』 발간.

임 윤
2007년 《시평》으로 작품활동 시작, 시집 『레닌 공원이 어둠을 껴입으면』, 『지워진 길』 발간.

장상관
2008년 《문학·선》으로 작품활동 시작, 시집 『결』, 『사는 혹은 살아가는 편린』, 『상심한 말들의 귀로』 발간.

황지형
2009년 《시에》로 작품활동 시작, 시집 『사이시옷은 그게 아니었다』, 『내내 발소리를 찍었습니다』 발간. 명지문화예술상 수상.

박정옥
2011년 《애지》로 작품활동 시작, 시집 『거대한 울음』, 『lettering』 발간. 2020년 울산문학상

강현숙
2013년 《시안》으로 작품활동 시작, 시집 『물소의 춤』 발간.

변방 연혁

- 1981년 12월 변방시동인 결성
- 1982년 4월 10일 변방 1집 발간
- 1983년 6월 20일 변방 2집 발간
- 1985년 5월 11일 박종해 시집 『산정에서』 발간(이하 첫 시집만 기록)
- 1986년 8월 25일 변방 3집 발간
- 1987년 6월 1일 변방 4집 발간
- 1987년 9월 1일 강세화 시집 『손톱 혹은 속눈썹 하나』 발간
- 1989년 8월 1일 변방 5집 발간
- 1990년 6월 1일 변방 6집 발간
- 1991년 3월 15일 문영 시집 『그리운 화도』 발간
- 1991년 5월 25일 변방 7집 발간
- 1991년 6월 25일 최일성 시집 『새벽을 뚫고 나온 화살』 발간
- 1992년 10월 20일 변방 8집 발간
- 1992년 10월 26일 이충호 시집 『마라도를 지나며』 발간
- 1993년 12월 10일 변방 9집 발간
- 1994년 7월 30일 변방 10집 발간
- 1994년 11월 5일 홍수진 시집 『오늘 밤 내 노래는 잠들지 못한다』 발간
- 1996년 9월 25일 변방 11집 『한때 내가 잡은 고래』 발간
- 1996년 12월 5일 변방 12집 『대숲은 걸어보면 안다』 발간
- 1997년 10월 14일 홍수진 시인 타계

- 1997년 11월 31일 변방 13집 『세기말을 건너는 노래』 발간
- 1998년 10월 10일 박종해 시인 제1회 울산광역시문화상 수상
- 1998년 12월 10일 변반 14집 『잘가라, 나뭇잎』 발간
- 1999년 8월 김종경 시집 『동백섬은 사람을 그리워하지 않는다』 발간
- 2000년 10월 김종경 시인 제3회 울산광역시문화상 수상
- 2000년 11월 30일 변방 16집 『꽃잎 편지』 발간
- 2001년 12월 변방 17집 『나는 아직도 만년필로 편지를 쓴다』 발간
- 2002년 12월 변방 18집 『얼음 속 타는 불꽃』 발간
- 2003년 12월 변방 19집 『풀잎의 눈』 발간
- 2004년 12월 변방 20집 『실업은 힘이 세다』 발간
- 2005년 변방 21집 『귀뚜라미 편에 이메일을 띄운다』 발간
- 2005년 숲속시인학교 운영
- 2006년 12월 변방 22집 『목련을 읽다』 발간
- 2006년 숲속시인학교 운영
- 2006년 4월 신춘희 시집 『풀잎의 노래』 발간
- 2007년 12월 변방 23집 『길에서 말붙이기』 발간
- 2007년 숲속시인학교 운영
- 2008년 12월 변방 24집 『왜 고양이 울음에는 눈물이 없는가』 발간
- 2008년 숲속시인학교 운영
- 2009년 12월 변방 25집 『구름의 등고선』 발간
- 2009년 숲속시인학교 운영
- 2010년 12월 변방 26집 『머언 소식처럼 낙엽 하나가』 발간
- 2011년 11월 임윤 시집 『레닌 공원이 어둠을 껴입으며』 발간

- 2012년 12월 변방 27집 『말의 질주는 푸르다』 발간
- 2013년 12월 변방 28집 『얼룩으로 만든 집』 발간
- 2014년 12월 변방 29집 『목숨의 단층』 발간
- 2014년 5월 장상관 시집 『결』 발간
- 2015년 10월 박정옥 시집 『거대한 울음』 발간
- 2015년 12월 변방 30집 『나무의 몸』 발간
- 2016년 12월 변방 31집 『익숙한 햇볕』 발간
- 2017년 9월 변방 32집 『빈 그물로 오는 강』 발간
- 2018년 11월 변방 33집 『버려진 음률』 발간
- 2019년 10월 변방 34집 『얼룩무늬 손톱』 발간
- 2020년 11월 변방 35집 『박제된 초록』 발간
- 2020년 12월 강현숙 시집 『물소의 춤』 발간
- 2021년 7월 이강하 시집 『파랑의 파란』 발간
- 2021년 11월 변방 36집 『매듭을 푼 소리』 발간
- 2022년 10월 김려원 시집 『천년에 아흔아홉 번』 발간
- 2022년 11월 변방 37집 『액체사회』 발간
- 2022년 11월 황지형 시집 『사이시옷은 그게 아니었다』 발간
- 2023년 11월 변방 38집 『돌의 카톡』 발간
- 2024년 현재 정회원 9명 (박종해, 강세화, 신춘희, 문 영, 임 윤, 장상관, 황지형, 박정옥, 강현숙)
- 역대 울산시문화상 수상 〈박종해, 김종경, 신춘희, 최일성(작고)〉
- 역대 울산문인협회장 역임 〈박종해, 김종경, 신춘희, 이충호, 최일성(작고), 홍수진(작고)〉

변방동인 제39집

해를 삼킨 달은 블랙홀이다

2024년 10월 30일 초판 1쇄 발행

지은이 변방동인
  박종해 신춘희 강세화 문 영 임 윤
  장상관 황지형 박정옥 강현숙
펴낸이 라문석
편집장 김옥경
디자인 장상호

펴낸곳 도서출판 두엄
등록번호 제03-01-503호
주소 41969 대구광역시 중구 명륜로 12길 21
전화 053-423-2214
메일 dueum@hanmail.net
인쇄처 부광기획

ⓒ변방동인, 2024
ISBN 979-11-93360-18-7 03810

＊저자와의 협의에 의해 인지를 생략합니다.
＊이 책은 2024년 울산광역시 시비 보조금을 지원받아 출간되었습니다.